SPOT

VEHÍCULOS MOTORIZADOS

LOS STOCK CARS

por Alissa Thielge

amicus
LEARNING

pista

slick

Busca estas palabras e imágenes mientras lees.

motor

bandera

¿Preparados? ¡Listos! ¡Ya!
Los stock cars salen disparados.
¡Comenzó la carrera!

PENNZOIL
IMPALA
FURNITURE ROW
IMPALA
FASTENAL
FUSION
LOWE'S
IMPALA

pista

¿Ves la pista?
Los autos dan vueltas.
La carrera más larga
es de 400 vueltas.

HOOSIER
HOOSIER

¿Ves el slick?

Es un neumático liso.

Se agarra bien a la pista.

¡Parada en boxes!
El equipo añade combustible.
Cambian los neumáticos.
¡Tardan 12 segundos!

LOGANO
Ford
SUNOCO

¿Ves el motor?

¡Es ruidoso!

Consume mucho combustible.

motor

MOOG
CHASSIS PARTS
COMP CAMS
Raybestos
The best in brakes
Edelbrock
WIX
JE
PISTONS
SUNOCO
Hoosier

CRAFTSMAN
ally
Coca-Cola
BUSCH
NASCAR
ICIAL
HAMPION

¿Ves la bandera a cuadros?
Una persona la hace ondear.
¡Ganó el auto verde y azul!

Los stock cars son rápidos.
¿Quieres ver una carrera?

pista

slick

¿Lo encontraste?

motor

bandera

SPOT

Publicado por Amicus Learning, un sello de Amicus
P.O. Box 227, Mankato, MN 56002
www.amicuspublishing.us

Library of Congress Cataloging-in-Publication Data
Names: Thielges, Alissa, 1995- author.
Title: Los stock cars / by Alissa Thielges.
Other titles: Stock cars. Spanish
Description: Mankato, MN : Amicus Learning, [2026] | Series: Vehículos motorizados | Audience: Ages 4-7 | Audience: Grades K-1 | Summary: "Stock cars are the fast race cars used in NASCAR. Translated into North American Spanish, this search-and-find book reinforces new vocabulary words with simple facts and compelling photographs to teach kindergarten readers about motorsports"— Provided by publisher.
Identifiers: LCCN 2024051270 (print) | LCCN 2024051271 (ebook) | ISBN 9798892006668 (library binding) | ISBN 9798892007269 (paperback) | ISBN 9798892007863 (ebook)
Subjects: LCSH: Stock cars (Automobiles)—Juvenile literature. | Stock car racing—United States—Juvenile literature. | CYAC: Stock cars (Automobiles) | Stock car racing.
Classification: LCC TL236.28 .T5418 2026 (print) | LCC TL236.28 (ebook) | DDC 629.228/5—dc23/eng/20241219

Ana Brauer, editora
Deb Miner, diseñador de la serie
Sara Hood, diseñador de libro y investigación fotográfica

Créditos de Imágenes: Dreamstime/Steven Oehlenschlager, 4-5; Getty Images/Adam Pretty, 14, Sean Gardner, 3, 12-13; Shutterstock/Bruce Alan Bennett, 8-9, BW Press, 1, Fabio Pagani, 6-7, Grindstone Media Group, cover, Richard Thornton, 10-11

LOS STOCK CARS